MARIE SCHILLING

HAFERKLEIE

KOCHBUCH

Email: info@edition-lunerion.de
www.edition-lunerion.de

Psiana eCom UG
Berumer Str. 44
26844 Jemgum

Vorwort

Bei Haferkleie verziehen Sie das Gesicht und denken an geschmacklosen Brei aus Kinderkrankheitstagen? Da verpassen Sie aber was! Denn tatsächlich ist das gesunde Grundnahrungsmittel unschlagbar vielfältig und lässt sich zu wahren Genießermenüs verarbeiten – also schnappen Sie sich dieses Kochbuch und entdecken Sie Haferkleie-Schlemmerei in Bestform!

Haferkleie, ein Produkt, das bei der Verarbeitung ganzer Haferkörner entsteht, ist nicht umsonst seit Jahrhunderten ein beliebtes Grundnahrungsmittel. Die volle Ladung an Ballaststoffen für die Verdauung, reichlich Beta-Glucane für einen gesunden Blutzuckerspiegel, ordentlich Protein, dabei leicht verdaulich und auch noch glutenfrei: Die zarten Flöckchen punkten mit zahlreichen Gesundheitsvorteilen. Dazu sind sie auch noch denkbar leicht zu verarbeiten, günstig und ein einheimisches Superfood – Grund genug, Haferkleie möglichst oft in den Speiseplan zu integrieren. Mit der großen Rezeptauswahl in diesem Buch klappt das ganz einfach, denn hier finden Sie vom Frühstück über Suppen und Brote bis hin zu köstlichen Hauptgerichten und sogar Desserts jede Menge Inspirationen. Ob Veggie, Fleischfreund, Fischfan, Naschkatze oder Fitnessfreak – hier kommt jeder auf seine Kosten und entdeckt immer wieder neue Lieblingsspeisen.

INHALT

Frühstück

HAFERKLEIE-RÜHREI

1 Port.

25 Min.

Leicht

Zutaten

1 EL Haferkleie
250 ml Milch
1 Ei
1 TL Schnittlauch, in Röllchen geschnitten

Nach Belieben:
Salz, Pfeffer, Muskat

Nährwerte p. P.

106 kcal
8 g Kohlenhydrate
6 g Fett
8 g Eiweiß

1 Erwärmen Sie die Milch in einem kleinen Topf, ohne sie aufzukochen.

2 Nehmen Sie den Topf von der Herdplatte und rühren Sie Haferkleie und Salz unter. Lassen Sie die Mischung 20 Minuten lang quellen.

3 Geben Sie das Ei in eine kleine Schale und schlagen Sie es mit einer Gabel kurz auf. Rühren Sie es unter die Hafer-Milch-Mischung.

4 Würzen Sie das Rührei nach Belieben mit den Gewürzen. Falls es zu fest geworden ist, können Sie etwas Milch unterrühren.

5 Garnieren Sie es mit dem Schnittlauch.

FRÜHSTÜCKS-OMELETT

2 Port.

10 Min.

Leicht

Zutaten

2 Eier
2 EL Hüttenkäse
2 EL Haferkleie
½ Stange Lauch
2 TL Schnittlauch
2 TL Rapsöl

Nach Belieben:
Salz, Pfeffer

Nährwerte p. P.

165 kcal
9 g Kohlenhydrate
9 g Fett
9 g Eiweiß

1 Schlagen Sie die Eier in einer Schüssel auf. Geben Sie Hüttenkäse und Haferkleie hinzu und verquirlen Sie alles mit einer Gabel.

2 Lassen Sie die Mischung kurz quellen und schmecken Sie sie nach Belieben mit Salz ab. Waschen und schneiden Sie den Lauch in dünne Ringe.

3 Erhitzen Sie das Öl in einer Pfanne und dünsten Sie die Hälfte des Lauchs darin kurz an.

4 Reduzieren Sie die Hitze und geben Sie jetzt die Hälfte der Ei-Mischung auf den Lauch. Lassen Sie das Omelett garen, bis es stockt.

5 Klappen Sie es in der Pfanne zusammen und geben Sie es auf einen Teller.

6 Verfahren Sie mit den übrigen Zutaten ebenfalls so und garnieren Sie die Omeletts mit dem Schnittlauch.

Tipp: Omeletts können auch mit anderen Gemüsesorten wie Tomaten oder Paprika zubereitet werden.

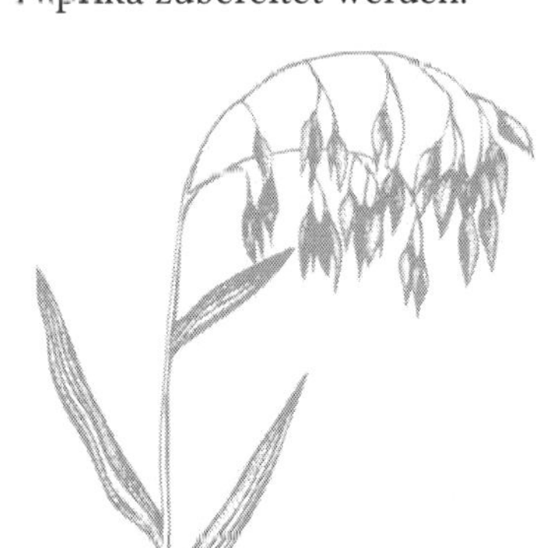

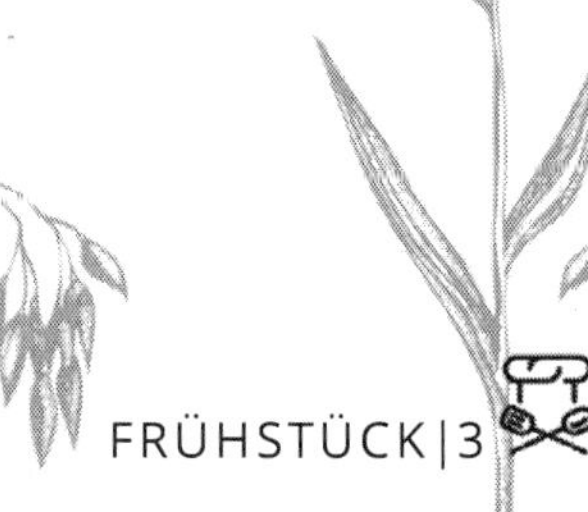

BEEREN-MÜSLI MIT HAFERKLEIE

4 Port. | 20 Min. | Leicht

Zutaten

60 g Mandelkerne
40 g Walnusskerne
40 g Kürbiskerne
200 g Haferkleie
40 g Leinsamenschrot
800 ml Mandelmilch (eine vegane Milchalternative)
200 ml Wasser
40 g Ahornsirup
½ TL Salz

Optional:
1 TL Zimt

Zum Garnieren:
Beeren oder anderes Obst

Nährwerte p. P.

544 kcal
50 g Kohlenhydrate
32 g Fett
20 g Eiweiß

1 Geben Sie Mandelkerne, Walnusskerne und Kürbiskerne in einen Standmixer und zerkleinern Sie sie kurz. Alternativ können Sie die Kerne auch mit einem Messer auf die gewünschte Größe klein hacken.

2 Geben Sie Haferkleie, Leinsamenschrot, Mandelmilch, Wasser und Ahornsirup in einen Topf.

3 Erwärmen Sie die Mischung vorsichtig für 10 Minuten, ohne sie dabei aufzukochen. Rühren Sie Salz und Zimt unter.

4 Vermengen Sie die Milch-Mischung mit den zerkleinerten Kernen und verteilen Sie das Müsli auf vier Schüsseln.

5 Garnieren Sie das Müsli nach Belieben mit Obst.

Tipp: Servieren Sie das Müsli sofort, damit die Kerne nicht zu lange eingeweicht werden.

HAFERKLEIE-WAFFELN

4 Port.

40 Min.

Leicht

Zutaten

60 g Haferkleie
100 g Vollkornmehl
30 g Zucker
50 g Butter, weich
1 TL Backpulver
300 ml Buttermilch

Zum Garnieren:
Obst, Honig

Außerdem:
Öl zum Ausbacken

Nährwerte p. P.

480 kcal
49 g Kohlenhydrate
20 g Fett
12 g Eiweiß

1 Vermengen Sie Haferkleie, Vollkornmehl, Zucker, Butter und Backpulver mit einem Handrührgerät miteinander.

2 Rühren Sie nach und nach die Buttermilch unter. Lassen Sie den Teig 20 Minuten quellen.

3 Heizen Sie das Waffeleisen vor und bestreichen Sie es mit Öl.

4 Backen Sie den Teig darin nach und nach zu Waffeln. Sie sollten goldbraun werden.

5 Waschen Sie das Obst und garnieren Sie die Waffeln am besten warm mit Obst und etwas Honig.

HAFERKLEIE-PORRIDGE MIT BANANE

2 Port. 15 Min. Leicht

Zutaten

500 ml Milch
1 Prise Salz
1 TL Honig
40 g Haferflocken
20 g Haferkleie
1 EL Leinsamen, geschrotet
1 EL Mandeln, gehackt
½ Zitrone
2 EL Cranberrys, getrocknet
2 Bananen

Nährwerte p. P.

610 kcal
89 g Kohlenhydrate
21 g Fett
20 g Eiweiß

1 Vermengen Sie Milch, Salz, Honig, Haferflocken, Haferkleie, Leinsamen und Mandeln in einem kleinen Topf.

2 Köcheln Sie die Mischung kurz auf und lassen Sie sie im Anschluss für 5 Minuten bei ausgeschaltetem Herd quellen.

3 Pressen Sie die Zitrone aus. Schälen und schneiden Sie die Bananen in dünne Scheiben. Rühren Sie den Zitronensaft und die Cranberrys unter das Porridge.

4 Verteilen Sie das Porridge auf zwei Schüsseln und geben Sie die Bananen darauf.

SCHNELLER OBSTJOGHURT

1 Port.

5 Min.

Leicht

Zutaten

200 g Naturjoghurt
1 Apfel
2 EL Haferkleie

Nährwerte p. P.

206 kcal
5 g Kohlenhydrate
2 g Fett
4 g Eiweiß

1 Rühren Sie die Haferkleie in den Joghurt und lassen Sie die Mischung kurz quellen.

2 Waschen Sie in der Zwischenzeit den Apfel. Entkernen Sie ihn und raspeln Sie ihn in den Joghurt.

Tipp: Dieser schnelle Joghurt hat eine besonders gesunde Mischung aus Ballaststoffen und Vitaminen. Er kann nach Belieben mit anderen Obstsorten zubereitet werden.

KOKOS-FRÜHSTÜCK MIT ERDBEEREN

1 Port.

10 Min.

Leicht

Zutaten

100 ml Kokosmilch
100 ml Wasser
25 g Haferkleie
15 g Schokolade, gerieben
75 g Erdbeeren

Nährwerte p. P.

348 kcal
21 g Kohlenhydrate
22 g Fett
16 g Eiweiß

1 Geben Sie Kokosmilch, Wasser und Haferkleie in einen kleinen Topf. Erwärmen Sie die Mischung für 2 Minuten und lassen Sie sie im Anschluss auf der ausgeschalteten Herdplatte für 5 Minuten quellen.

2 Füllen Sie die Mischung in eine Schüssel um und garnieren Sie das Frühstück mit Erdbeeren und der geriebenen Schokolade.

Suppen

TOMATENSUPPE

2 Port.

25 Min.

Leicht

Zutaten

1 Zwiebel
1 EL Öl
250 ml Gemüsebrühe
1 große Dose Tomaten, gehackt
8 EL Haferkleie

Nach Belieben:
Paprikapulver
Curry
Pfeffer
Oregano
Tomatenmark
Petersilie

Nährwerte p. P.

95 kcal
1 g Kohlenhydrate
2 g Fett
1 g Eiweiß

1 Schälen Sie die Zwiebel und würfeln Sie sie fein.

2 Erhitzen Sie das Öl in einem großen Topf. Braten Sie die Zwiebel darin glasig an.

3 Löschen Sie die Zwiebeln mit Gemüsebrühe und Tomaten ab. Köcheln Sie die Suppe 15 Minuten bei geringer Wärmezufuhr.

4 Jetzt können Sie die Suppe nach Belieben mit einem Stabmixer pürieren.

5 Rühren Sie die Haferkleie und beliebige Gewürze unter.

Tipp: Mit einem Schuss Sahne wird diese Tomatensuppe etwas cremiger.

MANDEL-BROKKOLISUPPE

2 Port. 25 Min. Leicht

Zutaten

3 EL Öl
1 Zwiebel
500 g Brokkoliröschen
900 ml Gemüsebrühe
40 g Haferkleie
50 g Mandelmus
½ TL Muskatnuss
½ TL Paprikapulver, scharf
Salz & Pfeffer

Nährwerte p. P.

399 kcal
22 g Kohlenhydrate
22 g Fett
19 g Eiweiß

1 Schälen Sie die Zwiebel und würfeln Sie sie fein.

2 Erhitzen Sie das Öl in einem großen Topf. Dünsten Sie die Zwiebelwürfel darin glasig an.

3 Geben Sie die Brokkoliröschen hinzu und dünsten Sie diese kurz mit an. Löschen Sie die Mischung mit Gemüsebrühe ab und kochen Sie die Suppe für 10 Minuten bei mittlerer Wärmezufuhr.

4 Pürieren Sie die Suppe mit einem Stabmixer.

5 Rühren Sie zum Abschluss Haferkleie, Mandelmus und die Gewürze unter.

Tipp: Wer die Haferkleie lieber etwas weicher mag, kann die Suppe zum Abschluss noch einmal 5 Minuten kurz aufkochen.

PILZCREMESUPPE

4 Port. 25 Min. Leicht

Zutaten

250 g Champignons
250 g Pfifferlinge
2 Zwiebeln
2 EL Öl
30 g Haferkleie
500 ml Vollmilch
375 ml Gemüsebrühe

Nach Belieben:
Salz, Pfeffer, Thymian

Nährwerte p. P.

355 kcal
42 g Kohlenhydrate
11 g Fett
17 g Eiweiß

1 Waschen Sie die Pilze gründlich ab und schneiden Sie sie in dünne Scheiben. Schälen Sie die Zwiebeln und würfeln Sie sie fein.

2 Erhitzen Sie das Öl in einem großen Topf. Braten Sie die Zwiebelwürfel und die Pilze darin 5 Minuten an.

3 Geben Sie die Haferkleie hinzu und dünsten Sie sie kurz mit an. Löschen Sie die Mischung mit Vollmilch und Gemüsebrühe ab.

4 Köcheln Sie die Suppe für 15 Minuten bei niedriger Wärmezufuhr.

5 Pürieren Sie die Suppe mit einem Stabmixer und schmecken Sie sie mit Salz, Pfeffer und Thymian ab.

HAFERSUPPE

2 Port.

15 Min.

Leicht

Zutaten

2 EL Butter
3 EL Haferkleie
2 EL Haferflocken
500 ml Gemüsebrühe
½ Möhre
1 Ei
Salz, Pfeffer, Petersilie

Nährwerte p. P.

199 kcal
7 g Kohlenhydrate
12 g Fett
5 g Eiweiß

1 Schälen Sie die Möhre und raspeln Sie sie.

2 Erhitzen Sie die Butter in einem Topf. Dünsten Sie Möhrenraspeln, Haferkleie und Haferflocken darin 2 Minuten an.

3 Löschen Sie die Mischung mit Gemüsebrühe ab und köcheln Sie sie 10 Minuten lang bei mittlerer Wärmezufuhr.

4 Verquirlen Sie das Ei, rühren Sie es unter die Suppe.

5 Schmecken Sie die Suppe mit Salz, Pfeffer und Petersilie ab.

SCHNELLE HAFER-GEMÜSE-SUPPE

4 Port.

35 Min.

Leicht

Zutaten

1 Zwiebel
1 Möhre
50 g Lauch
2 EL Butter
4 EL Haferkleie
750 ml Gemüsebrühe
½ TL Majoran
½ TL Liebstöckel
1 EL Petersilie

Nährwerte p. P.

270 kcal
29 g Kohlenhydrate
12 g Fett
9 g Eiweiß

1 Schälen Sie die Zwiebel und würfeln Sie sie. Schälen und raspeln Sie die Möhre. Waschen Sie den Lauch und schneiden Sie ihn in dünne Ringe.

2 Erhitzen Sie die Butter in einem Topf. Dünsten Sie Zwiebelwürfel, Möhrenraspeln und Lauch darin 5 Minuten lang an.

3 Geben Sie die Haferkleie hinzu und rösten Sie diese kurz mit an.

4 Löschen Sie das Gemüse mit der Gemüsebrühe ab und köcheln Sie die Suppe für 20 Minuten bei mittlerer Wärmezufuhr.

5 Schmecken Sie die Suppe zum Abschluss mit den Gewürzen ab.

SCHWÄBISCHE FÄDLESUPPE

4 Port.

20 Min.

Leicht

Zutaten

1 ½ Liter Gemüsebrühe
50 g Mehl
2 EL Haferkleie
½ TL Salz
3 Eier
125 ml Milch
2 EL Chiliöl

Außerdem:
Öl zum Anbraten

Nährwerte p. P.

200 kcal
20 g Kohlenhydrate
9 g Fett
9 g Eiweiß

1 Kochen Sie die Gemüsebrühe in einem großen Topf kurz auf.

2 Vermengen Sie Mehl, Haferkleie, Salz und Eier miteinander. Rühren Sie Milch und Öl unter die Mischung.

3 Erhitzen Sie etwas Öl in einer Pfanne. Braten Sie den Teig in der Pfanne zu einem dünnen Pfannkuchen.

4 Rollen Sie den Pfannkuchen ein und schneiden Sie aus der Rolle dünne Streifen.

5 Geben Sie diese Streifen in die heiße Gemüsebrühe und lassen Sie diese darin kurz ziehen.

Brote

BASIS-HAFERKLEIEBROT

1 Brot

1 Std.

Leicht

Zutaten

300 g Haferkleie
500 g Magerquark
3 EL Leinsamen
6 Eier
1 TL Salz
1 Pck. Backpulver

Nährwerte p. P.

132 kcal
13 g Kohlenhydrate
4 g Fett
9 g Eiweiß

1 Heizen Sie den Backofen auf 200 Grad Ober-/Unterhitze vor.

2 Vermengen Sie alle Zutaten mit einem Handrührgerät oder dem Schneebesen.

3 Fetten Sie eine Kastenform ein und geben Sie den Teig hinein.

4 Backen Sie das Brot darin für 40 bis 50 Minuten.

LOW-CARB-HAFERKLEIEBROT MIT QUARK

1 Brot

1 Std. 20 Min.

Leicht

Zutaten

300 g Magerquark
2 Eier
3 Eiweiße
1 TL Salz
½ TL Koriander, gemahlen
½ TL Kümmel, gemahlen
75 g Haferkleie
1 TL Backpulver
50 g Leinsamen, geschrotet
150 g Mandeln, gemahlen
100 g Sonnenblumenkerne

Nährwerte p. P.

222 kcal
8 g Kohlenhydrate
15 g Fett
11 g Eiweiß

1 Heizen Sie den Backofen auf 170 Grad Ober-/Unterhitze vor. Fetten Sie eine Kastenform mit Öl ein.

2 Vermengen Sie alle Zutaten miteinander und geben Sie den Teig in die Auflaufform.

3 Backen Sie das Brot für etwa 50 bis 60 Minuten im Backofen.

Tipp: Lassen Sie das Brot vollständig auskühlen, bevor Sie es aus der Form nehmen.

HAFERKLEIE-WALNUSSBROT

1 Brot

1 Std.

Leicht

Zutaten

50 g Walnüsse
500 g Magerquark
6 Eier
300 g Haferkleie
40 g Leinsamen, geschrotet
1 Pck. Backpulver

Nährwerte p. P.

100 kcal
9 g Kohlenhydrate
14 g Fett
12 g Eiweiß

1 Heizen Sie den Backofen auf 175 Grad Ober-/Unterhitze vor. Fetten Sie eine Kastenform mit etwas Butter oder Öl ein.

2 Hacken Sie die Walnüsse klein. Vermengen Sie alle angegebenen Zutaten miteinander und geben Sie den Teig in die Form.

3 Backen Sie das Brot für 50 Minuten im vorgeheizten Backofen.

4 Lassen Sie es 10 Minuten in der Form auskühlen. Stürzen Sie es dann heraus und lassen Sie es auf einem Gitter abkühlen.

DUNKLES VOLLKORNBROT MIT MÖHREN

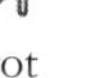

1 Brot | 1 Std. 10 Min. | Leicht

Zutaten

400 ml Wasser, lauwarm
1 Pck. frische Hefe
200 g Dinkelvollkornmehl
200 g Roggenschrot
100 g Haferflocken
100 g Haferkleie
50 g Walnüsse, gehackt
100 g Möhren, geraspelt
2 EL Balsamico
2 TL Salz
1 EL Honig
1 TL Kakaopulver, ungesüßt

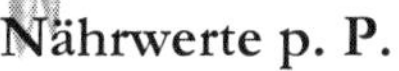

Nährwerte p. P.

130 kcal
18 g Kohlenhydrate
8 g Fett
10 g Eiweiß

1 Lösen Sie die Hefe in dem Wasser auf. Rühren Sie alle übrigen Zutaten unter die Hefemischung und vermengen Sie sie zu einem festen Teig.

2 Fetten Sie eine Kastenform ein und geben Sie den Teig hinein.

3 Stellen Sie das Brot auf der untersten Schiene in den kalten Backofen.

4 Schalten Sie den Ofen jetzt ein und backen Sie das Brot für 60 Minuten.

BANANENBROT MIT HAFERKLEIE

1 Brot

55 Min.

Leicht

Zutaten

300 g Weizenmehl
2 EL Leinsamen, geschrotet
50 g Haferkleie
2 Bananen
15 g Trockenhefe
1 Prise Korianderpulver
1 TL Salz
150 ml Wasser, lauwarm

Nährwerte p. P.

940 kcal
320 g Kohlenhydrate
13 g Fett
49 g Eiweiß

1 Zerdrücken Sie die Bananen mit einer Gabel. Vermengen Sie zunächst alle festen Zutaten miteinander. Rühren Sie jetzt nach und nach das Wasser unter.

2 Lassen Sie den Teig mindestens 2 Stunden lang ruhen.

3 Heizen Sie den Backofen in der Zwischenzeit auf 200 Grad Ober-/Unterhitze vor.

4 Formen Sie aus dem Teig einen Brotlaib und legen Sie ihn in eine große Auflaufform.

5 Backen Sie das Brot darin für 30 Minuten und lassen Sie es im Anschluss auf einem Gitter auskühlen.

Tipp: Das Weizenmehl kann durch Vollkorn- oder Dinkelmehl ersetzt werden.

MISCHBROT MIT BUTTERMILCH

1 Brot

1 Std.
10 Min.

Leicht

Zutaten

100 ml Wasser
1 ½ EL Honig
20 g frische Hefe
300 g Dinkelmehl
100 g Weizenmehl
100 g Haferkleie
4 EL Leinsamen, geschrotet
1 ½ TL Salz
200 ml Buttermilch

Nährwerte p. P.

440 kcal
19 g Kohlenhydrate
8 g Fett
12 g Eiweiß

1 Lösen Sie die Hefe in Honig und Wasser auf. Rühren Sie Dinkel- und Weizenmehl, Haferkleie, Leinsamen und Salz ein.

2 Geben Sie jetzt nach und nach die Buttermilch hinzu und vermengen Sie den Teig so lange, bis ein fester Teig entsteht.

3 Lassen Sie den Teig für 45 Minuten in einer verschlossenen Schüssel ruhen.

4 Formen Sie daraus einen Brotlaib. Geben Sie ihn in ein Gärkörbchen oder eine passend große Auflaufform. Lassen Sie das Brot erneut 45 Minuten an einem warmen Ort ruhen.

5 Heizen Sie in der Zwischenzeit den Backofen auf 250 Grad vor.

6 Backen Sie das Brot darin für 30 Minuten. Reduzieren Sie die Temperatur nach 10 Minuten auf 200 Grad.

7 Lassen Sie das Brot anschließend auf einem Gitter abkühlen.

DINKELBRÖTCHEN

12 Port.

2 Std.

Leicht

Zutaten

1 Würfel Hefe
1 TL Zucker
1 TL Salz
300 ml Wasser, lauwarm
300 g Dinkelvollkornmehl
150 g Weizenmehl
50 g Leinsamen
50 g Haferkleie

Nährwerte p. P.

165 kcal
28 g Kohlenhydrate
3 g Fett
6 g Eiweiß

1 Lösen Sie die Hefe in Zucker, Salz und Wasser auf. Rühren Sie anschließend alle übrigen Zutaten unter und kneten Sie daraus einen festen Teig.

2 Lassen Sie ihn für 45 Minuten zugedeckt an einem warmen Ort ruhen.

3 Kneten Sie den Teig nach dieser Zeit noch einmal durch und formen Sie daraus 12 Brötchen.

4 Legen Sie die Brötchen auf ein gefettetes oder mit Backpapier ausgelegtes Backblech und lassen Sie diese darauf erneut für 45 Minuten ruhen.

5 Heizen Sie in der Zwischenzeit den Backofen auf 180 Grad Ober-/Unterhitze vor.

6 Backen Sie die Brötchen auf der mittleren Schiene für 15 bis 20 Minuten.

Tipp: Dieser kräftige Brötchenteig schmeckt besonders gut, wenn er mit herzhaftem Brotaufstrich kombiniert wird.

Hauptgerichte mit Fleisch & Geflügel

WIENER SCHNITZEL MIT HAFERMARINADE

4 Port.

10 Min.

Leicht

Zutaten

4 Kalbsschnitzel
50 g Mehl
2 Eier
100 g Haferflocken
100 g Haferkleie

Außerdem:
Öl zum Braten

Nährwerte p. P.

465 kcal
31 g Kohlenhydrate
20 g Fett
7 g Eiweiß

1 Klopfen Sie die Schnitzel nach Belieben flach.

2 Verquirlen Sie die Eier in einem tiefen Teller. Vermengen Sie Haferflocken und Haferkleie in einem weiteren Teller.

3 Wenden Sie die Schnitzel zunächst in Mehl, anschließend in den Eiern und zuletzt in der Hafermischung.

4 Erhitzen Sie ausreichend Öl in einer großen Pfanne.

5 Braten Sie die Schnitzel darin jeweils 1 Minute lang von jeder Seite knusprig an.

FRIKADELLEN MIT GEMÜSE

6 Port.

25 Min.

Leicht

Zutaten

2 Zwiebeln
3 Möhren
3 Zehen Knoblauch
1 kg gemischtes Hackfleisch
2 Eier
100 g Haferkleie
100 ml Wasser
Salz, Pfeffer

Außerdem:
Öl zum Braten
Haferkleie zum Wenden

Nährwerte p. P.

365 kcal
11 g Kohlenhydrate
18 g Fett
36 g Eiweiß

1 Schälen und würfeln Sie die Zwiebeln. Raspeln Sie die Möhren und den Knoblauch.

2 Vermengen Sie nun alle Zutaten miteinander und formen Sie aus der Masse beliebig große Frikadellen.

3 Wenden Sie die Frikadellen in der Haferkleie.

4 Erhitzen Sie ausreichend Öl in einer großen Pfanne.

5 Braten Sie die Frikadellen darin je nach Größe 5 Minuten lang knusprig an.

Tipp: Alternativ können die Frikadellen für 20 Minuten bei 200 Grad Ober-/Unterhitze im Backofen gegart werden.

SALTIMBOCCA

4 Port.

20 Min.

Mittel

Zutaten

8 Putenschnitzel
100 g Cherrytomaten
250 g Frischkäse
3 EL Haferkleie
2 Stiele Salbei
Salz, Pfeffer
3 EL Öl

Nährwerte p. P.

745 kcal
5 g Kohlenhydrate
34 g Fett
104 g Eiweiß

1 Klopfen Sie die Schnitzel, falls notwendig, flach. Waschen Sie die Tomaten und vierteln Sie sie.

2 Vermengen Sie Frischkäse, Tomaten und Haferkleie miteinander. Schmecken Sie die Mischung mit Salz und Pfeffer ab.

3 Bestreichen Sie die Schnitzel mit jeweils ⅛ der Frischkäsemischung. Geben Sie einige Salbeiblätter darauf und rollen Sie die Schnitzel ein.

4 Fixieren Sie die Rollen mit Zahnstochern.

5 Erhitzen Sie das Öl in einer Pfanne. Braten Sie die Saltimbocca darin 6 bis 8 Minuten an.

Tipp: Dazu schmeckt ein frischer Salat oder Reis.

HAFER-WRAPS

4 Port. 40 Min. Leicht

Zutaten

1 Dose Kidneybohnen
30 g Haferkleie
30 g Haferflocken
½ Zwiebel
1 EL Sojasoße
1 TL Paprikapulver
3 EL Olivenöl
200 g Tomaten
1 Frühlingszwiebel
1 Dose Mais
3 EL Limettensaft

Nach Belieben:
Salz, Pfeffer, Zucker

Außerdem:
Wraps

Nährwerte p. P.

218 kcal
29 g Kohlenhydrate
4 g Fett
8 g Eiweiß

1 Gießen Sie die Kidneybohnen ab. Schälen Sie die Zwiebel. Pürieren Sie Kidneybohnen, Haferkleie, Haferflocken, Zwiebel, Sojasoße, Paprikapulver und 1 Prise Salz im Standmixer.

2 Erhitzen Sie das Öl in einer Pfanne. Braten Sie die Masse darin kräftig etwa 8 Minuten an. Die Masse sollte dabei knusprig und krümelig werden.

3 Waschen Sie die Tomaten und die Frühlingszwiebel. Schneiden Sie alles in feine Stücke.

4 Gießen Sie den Mais ab und vermengen Sie ihn mit dem Gemüse.

5 Vermengen Sie die Kidneybohnen-Masse mit dem Gemüse und dem Limettensaft.

6 Schmecken Sie sie zum Abschluss mit Salz, Pfeffer und Zucker ab.

7 Bestreichen Sie die Wraps mit der Hafer-Füllung und rollen Sie diese ein.

Tipp: Die Füllung kann nach Belieben mit Crème fraîche, Joghurt und Salat garniert werden.

Hauptgerichte mit Fisch & Meeresfrüchten

FISCHTEMPURA

 4 Port.  20 Min. Leicht

Zutaten

4 Stücke Seelachsfilet
2 Eier
3 EL Haferkleie
60 ml kaltes Wasser
50 g Sonnenblumenkerne
1 TL Sojasoße
2 EL Öl
Meersalz, Pfeffer

Nährwerte p. P.

913 kcal
15 g Kohlenhydrate
12 g Fett
11 g Eiweiß

1 Schneiden Sie das Fischfilet im gefrorenen Zustand in kleine Stücke. Vermengen Sie Eier, Haferkleie und Wasser miteinander.

2 Rühren Sie die Fischstücke unter und lassen Sie sie für 5 Minuten darin ruhen.

3 Erhitzen Sie das Öl in einer Pfanne. Braten Sie die Fischmasse darin für 3 Minuten an. Rühren Sie zum Abschluss die Sonnenblumenkerne unter.

4 Schmecken Sie die Mischung mit Meersalz, Pfeffer und Sojasoße ab.

FISCHSTÄBCHEN MIT HAFERKRUSTE

6 Port.

30 Min.

Mittel

Zutaten

500 g Fisch ohne Haut
1 Zwiebel
2 Zehen Knoblauch
1 Ei
2 EL Mehl
50 g Haferkleie

Außerdem:
Öl zum Anbraten

Nährwerte p. P.

166 kcal
9 g Kohlenhydrate
5 g Fett
20 g Eiweiß

1 Waschen Sie den Fisch und tupfen Sie ihn mit Küchentüchern trocken. Pürieren Sie den Fisch anschließend im Standmixer.

2 Schälen Sie die Zwiebel und würfeln Sie sie.

3 Erhitzen Sie etwas Öl in einer Pfanne. Dünsten Sie die Zwiebelwürfel darin kräftig an.

4 Geben Sie das Fischpüree hinzu und braten Sie alles bei geringer Wärmezufuhr 10 Minuten lang an.

5 Pressen Sie die Knoblauchzehen hinzu und lassen Sie die Mischung abkühlen. Rühren Sie jetzt das Ei und Mehl unter.

6 Formen Sie aus dem Teig Fischstäbchen. Wenden Sie diese in der Haferkleie.

7 Erhitzen Sie erneut ausreichend Öl in der Pfanne.

8 Braten Sie die panierten Fischstäbchen darin etwa 6 Minuten von allen Seiten an.

THUNFISCH-FRIKADELLEN

4 Port.

25 Min.

Leicht

Zutaten

4 Dosen Thunfisch, im eigenen Saft
100 g Haferkleie
1 Zehe Knoblauch, gepresst
2 Zwiebeln, fein gewürfelt
4 Eier
4 Zweige Petersilie, fein gehackt

Nach Belieben:
Salz, Pfeffer

Außerdem:
Öl zum Anbraten

1 Lassen Sie den Thunfisch abtropfen. Drücken Sie ihn leicht aus, damit der Saft austritt.

2 Vermengen Sie alle Zutaten so lange miteinander, bis eine glatte Masse entsteht. Würzen Sie die Mischung nach Belieben mit Salz und Pfeffer.

3 Formen Sie daraus je nach Größe 8 bis 10 Frikadellen.

4 Erhitzen Sie ausreichend Öl in einer Pfanne.

5 Braten Sie die Thunfisch-Frikadellen bei mittlerer Wärmezufuhr für mindestens 7 Minuten an.

Nährwerte p. P.

174 kcal
17 g Kohlenhydrate
7 g Fett
9 g Eiweiß

SEEBARSCHFILET IM HAFERMANTEL

4 Port.

20 Min.

Leicht

Zutaten

4 Stücke Seebarschfilet
1 Prise Salz
4 EL Mehl
2 Eier
4 EL Panko
100 g Haferkleie
4 EL Öl

Nährwerte p. P.

370 kcal
28 g Kohlenhydrate
13 g Fett
37 g Eiweiß

1 Waschen Sie den Fisch und tupfen Sie ihn trocken und salzen Sie die Stücke.

2 Verquirlen Sie die Eier in einem tiefen Teller. Geben Sie das Mehl in einen flachen Teller. Vermengen Sie in einem weiteren Teller Panko und Haferkleie miteinander.

3 Wenden Sie die Fischstücke zunächst in dem Mehl, anschließend in den Eiern und zum Abschluss in der Panko-Hafer-Mischung.

4 Erhitzen Sie das Öl in einer Pfanne.

5 Braten Sie die panierten Fischfilets darin für etwa 5 Minuten goldbraun an.

Tipp: Dazu schmeckt ein frischer Salat oder Reis.

FISCHAUFLAUF

4 Port.

1 Std. 15 Min.

Leicht

Zutaten

600 g Kabeljaufilet
2 EL Zitronensaft
1 Bund Petersilie
2 Zwiebeln
50 g Haferkleie
1 TL Senf
150 g Crème fraîche
1 Ei
Salz, Pfeffer
500 ml Wasser
250 ml Milch
1 Pck. Kartoffelpüree
½ Gurke
½ Paprika

Nährwerte p. P.

475 kcal
49 g Kohlenhydrate
28 g Fett
38 g Eiweiß

1 Waschen Sie den Fisch, tupfen Sie ihn trocken und bestreichen Sie ihn mit dem Zitronensaft.

2 Schälen Sie die Zwiebel und würfeln Sie sie in feine Stücke. Zerkleinern Sie die Petersilie. Vermengen Sie Petersilie, Zwiebelwürfel, Haferkleie, Senf, Crème fraîche, Ei, Salz und Pfeffer miteinander.

3 Bringen Sie das Wasser zum Kochen und rühren Sie 1 TL Salz unter.

4 Nehmen Sie den Topf von der Herdplatte und rühren Sie die Milch unter. Rühren Sie jetzt den Inhalt für das Kartoffelpüree unter.

5 Geben Sie das Püree in eine große Auflaufform. Legen Sie den Fisch darauf. Verteilen Sie zum Abschluss die Crème-fraîche-Mischung darüber.

6 Backen Sie den Auflauf 30 Minuten im Backofen.

7 Waschen Sie in der Zwischenzeit die Paprika und Gurke und schneiden Sie das Gemüse in feine Würfel.

8 Geben Sie die Paprika- und Gurkenwürfel nach dem Backen über den warmen Auflauf.

Vegetarische Hauptgerichte

HAFERSCHNITZEL MIT QUARK

2 Port.

10 Min.

Leicht

Zutaten

100 g Kräuterquark
1 Ei
40 g Haferkleie
15 g Haferflocken, kernig
15 g Flohsamenschalen

Außerdem:
Paniermehl zum Wenden
Öl zum Braten

Nährwerte p. P.

264 kcal
27 g Kohlenhydrate
8 g Fett
13 g Eiweiß

1 Vermengen Sie alle Zutaten miteinander, bis eine feste Masse entsteht. Formen Sie daraus flache Schnitzel.

2 Geben Sie ausreichend Paniermehl in einen tiefen Teller und panieren Sie die Schnitzel darin.

3 Erhitzen Sie das Öl in einer Pfanne. Braten Sie die Schnitzel darin für jeweils 3 Minuten von beiden Seiten an.

HAFER-SPARGEL-RISOTTO

4 Port.

50 Min.

Leicht

Zutaten

2 Schalotten
2 EL Olivenöl
300 g Haferkleie
250 ml Weißwein
1 Liter Gemüsebrühe
2 EL Butter
1 Bund grüner Spargel
1 Bund weißer Spargel
4 Zweige Thymian
3 EL Zitronensaft
200 g Blattspinat
Salz, Pfeffer

Zum Garnieren:
Parmesan

Nährwerte p. P.

420 kcal
47 g Kohlenhydrate
11 g Fett
14 g Eiweiß

1 Schälen Sie den Spargel und schneiden Sie die holzigen Enden schräg ab. Schneiden Sie ihn anschließend in mundgerechte Stücke. Schälen Sie die Schalotten und schneiden Sie sie in dünne Ringe.

2 Erhitzen Sie das Olivenöl in einem Topf. Dünsten Sie die Schalotten gemeinsam mit der Haferkleie darin für 3 Minuten an.

3 Löschen Sie alles mit dem Wein ab. Sobald der Alkohol verkocht ist, geben Sie ⅓ der Gemüsebrühe hinzu. Köcheln Sie die Mischung bei mittlerer Wärmezufuhr auf.

4 Sobald ein Großteil der Flüssigkeit verkocht ist, geben Sie die übrige Gemüsebrühe hinzu. Lassen Sie alles für weitere 5 Minuten köcheln.

5 Erhitzen Sie in einem weiteren Topf die Butter. Dünsten Sie den Spargel darin 4 Minuten an.

6 Geben Sie den zerkleinerten Thymian, Zitronensaft und den Blattspinat hinzu. Lassen Sie die Spargel-Spinat-Mischung 8 Minuten bei geringer Wärmezufuhr kochen.

7 Vermengen Sie diese im Anschluss mit der Hafer-Zwiebel-Mischung.

8 Schmecken Sie das Gericht nach Belieben mit Salz und Pfeffer ab. Garnieren Sie es mit geriebenem Parmesan.

HAFERSPÄTZLE

3 Port. 35 Min. Mittel

Zutaten

160 g Haferkleie
1 EL Dinkelmehl (Typ 650)
200 g Frischkäse
3 Eier
½ TL Salz

Nährwerte p. P.

455 kcal
34 g Kohlenhydrate
26 g Fett
17 g Eiweiß

1 Mahlen Sie Haferkleie und Dinkelmehl in einem Standmixer. Rühren Sie Frischkäse, Eier und Salz unter.

2 Lassen Sie den Teig 20 Minuten lang bei Zimmertemperatur ruhen.

3 Bringen Sie einen großen Topf Wasser zum Kochen.

4 Verarbeiten Sie den Teig mit einem Spätzlehobel zu Spätzle und kochen Sie diese für 8 bis 12 Minuten in dem kochenden Wasser.

HAFER-KÄSE-BÄLLCHEN

4 Port.

30 Min.

Leicht

Zutaten

1 Zwiebel
125 g Haferkleie
60 g Parmesan
40 g Käse, gerieben
125 ml Milch

Nach Belieben:
Salz, Pfeffer, Paprikapulver

Außerdem:
Butter zum Braten

Nährwerte p. P.

409 kcal
22 g Kohlenhydrate
20 g Fett
31 g Eiweiß

1 Schälen Sie die Zwiebel und schneiden Sie diese in kleine Würfel.

2 Vermengen Sie jetzt alle Zutaten in einer großen Schüssel und lassen Sie die Masse 20 Minuten lang ruhen. Schmecken Sie den Teig mit den Gewürzen ab.

3 Formen Sie daraus 4 bis 6 Bällchen oder Frikadellen.

4 Erhitzen Sie ausreichend Butter in einer Pfanne. Braten Sie die Frikadellen darin 5 bis 6 Minuten lang knusprig an.

PFLAUMENBREI

1 Port.

10 Min.

Leicht

Zutaten

2 EL Haferkleie
200 ml Milch
5 Pflaumen
1 EL Zucker
1 EL Leinsamen
1 EL Hanfsamen

Nährwerte p. P.

340 kcal
9 g Kohlenhydrate
23 g Fett
15 g Eiweiß

1 Vermengen Sie die Haferkleie mit der Milch und kochen Sie die Mischung kurz auf. Lassen Sie die Mischung anschließend 10 Minuten lang quellen.

2 Waschen Sie währenddessen die Pflaumen und schneiden Sie sie in mundgerechte Stücke.

3 Erhitzen Sie eine Pfanne und dünsten Sie die Pflaumen darin kurz, ohne Zugabe von Fett, an.

4 Rühren Sie den Zucker, Leinsamen und Hanfsamen unter die Pflaumen und rösten Sie die Mischung erneut kurz an.

5 Lassen Sie die Pflaumenmischung kurz abkühlen, rühren Sie sie anschließend unter den Haferbrei.

HERZHAFTES PILZ-PORRIDGE

1 Port.

10 Min.

Leicht

Zutaten

50 g Edamame
3 Champignons
300 ml Wasser
2 EL Haferflocken
2 EL Haferkleie
½ TL Gemüsebrühe
1 TL Meerrettich
40 g Babyspinat
Salz, Pfeffer

Nährwerte p. P.

280 kcal
43 g Kohlenhydrate
3 g Fett
14 g Eiweiß

1 Waschen Sie die Champignons und schneiden Sie diese in dünne Scheiben.

2 Kochen Sie 200 ml Wasser auf und gießen Sie es über die Edamame und Champignons. Lassen Sie sie darin 3 Minuten lang ziehen, bis die Edamame gar, jedoch noch bissfest sind.

3 Vermengen Sie Haferflocken, Haferkleie, Gemüsebrühe und Meerrettich miteinander. Rühren Sie etwa 100 ml Wasser unter. Dabei sollte eine Porridge-artige Konsistenz entstehen.

4 Gießen Sie die Champignon-Mischung ab und rühren Sie sie gemeinsam mit dem gewaschenen Spinat unter das Porridge.

5 Schmecken Sie es zum Abschluss mit Salz und Pfeffer ab.

HAFERGRATIN MIT GRILLGEMÜSE

4 Port.

45 Min.

Leicht

Zutaten

1 Aubergine
1 Prise Salz
2 rote Zwiebeln
4 Zehen Knoblauch
2 Zucchini
2 rote Paprika
1 gelbe Paprika
3 EL Öl
1 Prise Pfeffer
200 g Cherrytomaten
4 EL Haferkleie
1 Mozzarella-Kugel
60 g Parmesan

Nach Belieben:
Kräuter nach Wahl, bspw. Oregano, Basilikum, Rosmarin

Nährwerte p. P.

342 kcal
21 g Kohlenhydrate
19 g Fett
17 g Eiweiß

1 Waschen Sie die Aubergine und schneiden Sie sie in dünne Streifen. Salzen Sie sie kräftig und lassen Sie die Streifen in dem Salz 20 Minuten lang ziehen.

2 Schälen Sie Zwiebeln und Knoblauch und würfeln Sie alles in kleine Stücke. Waschen Sie die Zucchini und Paprika. Schneiden Sie diese in dünne Scheiben.

3 Heizen Sie den Backofen auf 180 Grad Ober-/Unterhitze vor.

4 Erhitzen Sie das Öl in einer großen Pfanne. Dünsten Sie das bisher zerkleinerte Gemüse darin für 5 Minuten an.

5 Würzen Sie die Gemüse-Mischung mit Pfeffer und beliebig mit Kräutern. Geben Sie das Gemüse in eine große Auflaufform.

6 Waschen und halbieren Sie die Cherrytomaten und heben Sie sie gemeinsam mit der Haferkleie unter das Gemüse.

7 Zerkleinern Sie den Mozzarella und den Parmesan. Geben Sie ihn über den Auflauf und backen Sie das Gratin für 25 Minuten im Backofen.

HAFERPUFFER MIT GEMÜSE

12 Port. 25 Min. Leicht

Zutaten

150 g Haferflocken
50 g Haferkleie
1 Zucchini
1 Möhre
1 Zwiebel
1 Zehe Knoblauch
2 EL Tomatenmark
1 TL Kokosöl
80 ml kochendes Wasser
3 EL Olivenöl

Nach Belieben:
Salz, Paprikapulver, Curry

Nährwerte p. P.

340 kcal
9 g Kohlenhydrate
23 g Fett
15 g Eiweiß

1 Vermengen Sie Haferflocken und Haferkleie in einer großen Schüssel.

2 Waschen Sie das gesamte Gemüse, schälen Sie Möhre, Zwiebel und Knoblauch.

3 Reiben Sie das Gemüse zu der Hafermischung. Rühren Sie Tomatenmark und Kokosöl unter.

4 Geben Sie jetzt das kochende Wasser hinzu und kneten Sie alles mit den Händen zu einem festen Teig.

5 Schmecken Sie den Teig nach Belieben mit Salz, Paprikapulver und Curry ab.

6 Formen Sie daraus 12 Puffer. Lassen Sie sie für 10 Minuten ruhen.

7 Erhitzen Sie das Olivenöl in einer Pfanne. Braten Sie die Puffer darin für etwa 5 Minuten von jeder Seite an.

Vegane Hauptgerichte

HAFERPIZZA

2 Port. 25 Min. Leicht

Zutaten

150 g Haferflocken, zart
50 g Haferkleie
300 ml Wasser
1 Prise Salz
1 Prise italienische Kräuter
½ Dose stückige Tomaten
1 Zehe Knoblauch
3 EL Olivenöl
1 Prise Pfeffer
6 Champignons
2 EL Oliven
3 Scheiben Salami
80 g veganer Käseersatz

Nährwerte p. P.

830 kcal
87 g Kohlenhydrate
45 g Fett
24 g Eiweiß

1 Vermengen Sie Haferflocken und Haferkleie miteinander und bringen Sie die Mischung mit dem Wasser kurz zum Kochen.

2 Rühren Sie Salz und Kräuter unter und lassen Sie die Mischung 15 Minuten lang quellen.

3 Pressen Sie währenddessen den Knoblauch in die Tomaten. Rühren Sie 1 EL Olivenöl und Pfeffer unter.

4 Waschen Sie die Pilze und schneiden Sie sie in dünne Scheiben. Schneiden Sie außerdem die Oliven in Scheiben oder Würfel.

5 Formen Sie jetzt aus der Hafermasse den Boden der Pizza. Er sollte in eine große Pfanne passen.

6 Erhitzen Sie 2 EL Olivenöl in der passenden Pfanne und backen Sie den Boden darin für etwa 3 Minuten bei niedriger Wärmezufuhr.

7 Verteilen Sie jetzt die Tomatensoße über der Pizza und garnieren Sie sie mit Salami, Champignons, Oliven und Käseersatz.

8 Bedecken Sie die Pfanne mit einem passenden Deckel und backen Sie die Pizza darin bei niedriger Wärmezufuhr für 8 bis 10 Minuten.

VEGANE FRIKADELLEN

8 Port.

30 Min.

Leicht

Zutaten

1 Dose Kidneybohnen, abgetropft
2 rote Zwiebeln
2 Zehen Knoblauch
1 Spritzer Zitronensaft
70 g Chiasamen
25 g Haferkleie
25 g Haferflocken
1 Prise Salz
1 Prise Paprikapulver

Außerdem:
Öl zum Anbraten

Nährwerte p. P.

103 kcal
11 g Kohlenhydrate
3 g Fett
5 g Eiweiß

1 Schälen Sie die Zwiebel und den Knoblauch. Schneiden Sie alles in kleine Stücke.

2 Vermengen Sie jetzt alle Zutaten in einer großen Schüssel und pürieren Sie alles mit einem Standmixer. Dabei sollte eine homogene Masse entstehen.

3 Formen Sie daraus 8 Frikadellen.

4 Erhitzen Sie das Öl in einer Pfanne. Braten Sie die Frikadellen darin von allen Seiten knusprig an.

BANANEN-PFANNKUCHEN

12 Port.

20 Min.

Leicht

Zutaten

2 Bananen
200 ml Mandelmilch
100 g Mehl
25 g Rohrzucker
25 g Haferflocken
25 g Haferkleie
1 Prise Salz
2 TL Backpulver
2 EL Rapsöl

Nährwerte p. P.

119 kcal
169 g Kohlenhydrate
6 g Fett
2 g Eiweiß

1 Schälen Sie die Bananen und zerdrücken Sie sie mit einer Gabel.

2 Geben Sie Mandelmilch, Mehl, Rohrzucker, Haferflocken, Haferkleie und Salz hinzu und kneten Sie alles zu einem glatten Teig.

3 Rühren Sie zuletzt das Backpulver kurz unter.

4 Erhitzen Sie das Öl in einer Pfanne. Backen Sie aus dem Teig 12 kleine Pfannkuchen. Garen Sie diese für etwa 2 Minuten von jeder Seite.

BURGERPATTYS

5 Port.

10 Min.

Leicht

Zutaten

1 Dose Kidneybohnen
1 Zwiebel
1 Zehe Knoblauch
3 EL Öl
50 g Haferflocken
30 g Haferkleie
25 g Mehl
1 EL Senf
2 TL Paprikapulver
Je 1 Prise Salz & Pfeffer

Außerdem:
Öl zum Anbraten

Nährwerte p. P.

122 kcal
19 g Kohlenhydrate
1 g Fett
6 g Eiweiß

1 Gießen Sie die Kidneybohnen in einem Sieb ab. Zerdrücken Sie sie anschließend mit einer Gabel.

2 Schälen Sie die Zwiebel und den Knoblauch. Schneiden Sie alles in feine Würfel.

3 Erhitzen Sie das Öl in einer Pfanne. Dünsten Sie die Zwiebel darin 5 Minuten lang glasig an. Fügen Sie den Knoblauch hinzu und dünsten Sie ihn kurz mit an.

4 Füllen Sie die Mischung um. Geben Sie die übrigen Zutaten hinzu und kneten Sie alles zu einer festen Masse.

5 Formen Sie daraus 5 flache Burgerpattys.

6 Erhitzen Sie noch einmal ausreichend Öl in der Pfanne.

7 Braten Sie die Pattys darin 7 bis 10 Minuten von jeder Seite bei mittlerer Wärmezufuhr an.

Tipp: Aus diesem Rezept lassen sich neben Burgerpattys auch Frikadellen formen.

Desserts

JOGHURT-HAFERKLEIE-KUCHEN MIT BROMBEEREN

8 Port.

1 Std.

Leicht

Zutaten

150 g Joghurt
50 g Mandelmus
2 Eier
50 g Erythrit
3 TL Stevia
85 g Haferkleie
1 TL Backpulver
250 g Brombeeren

Außerdem:
Fett für die Backform

Nährwerte p. P.

145 kcal
9 g Kohlenhydrate
7 g Fett
4 g Eiweiß

1 Heizen Sie den Backofen auf 175 Grad Umluft vor.

2 Vermengen Sie Joghurt, Mandelmus, Eier, Erythrit und Stevia mit einem Handrührgerät zu einem glatten Teig.

3 Vermengen Sie Haferkleie und Backpulver miteinander und geben Sie die Mischung nach und nach unter den Teig.

4 Fetten Sie eine runde (18 cm) Springform mit etwas Fett ein.

5 Geben Sie den Teig in die Springform und verteilen Sie die gewaschenen Brombeeren darauf. Drücken Sie die Beeren etwas in den Teig.

6 Backen Sie den Kuchen für 40 bis 45 Minuten im vorgeheizten Backofen.

7 Lassen Sie den Kuchen vollständig auskühlen, bevor Sie ihn aus der Springform lösen.

Tipp: Der zubereitete Teig lässt sich auch hervorragend zu Muffins verarbeiten. Die angegebene Menge reicht für 10 bis 12 Muffins.

BLAUBEER-KAISERSCHMARRN

2 Port.

20 Min.

Leicht

Zutaten

25 g Haferflocken
20 g Haferkleie
8 Eiweiße
3 EL Magerquark
2 TL Zimt
1 TL Zitronenöl
30 g Blaubeeren

Nährwerte p. P.

167 kcal
16 g Kohlenhydrate
2 g Fett
19 g Eiweiß

1 Mahlen Sie die Haferflocken in einem Mixer zu Mehl. Vermengen Sie sie anschließend mit der Haferkleie.

2 Schlagen Sie das Eiweiß steif. Heben Sie die Hafermischung, Quark und Zimt vorsichtig unter den Eiweißschaum.

3 Erhitzen Sie das Zitronenöl in einer Pfanne.

4 Braten Sie den Teig darin für 3 bis 5 Minuten an. Dabei sollte ein lockerer Pfannkuchen entstehen, der sich leicht teilen lässt.

5 Servieren Sie den Kaiserschmarrn auf zwei Tellern und garnieren Sie ihn mit den Blaubeeren.

Tipp: Alternativ können Sie den Teig auch in etwas Butter oder Rapsöl anbraten.

APFELBALLEN

10 Port.

40 Min.

Leicht

Zutaten

3 mittelgroße Äpfel
250 g Magerquark
100 g Zucker
1 Pck. Vanillezucker
½ Zitrone
100 ml Rapsöl
90 ml Buttermilch
200 g Mehl
100 g Haferkleie
3 TL Backpulver
1 Prise Salz

Außerdem:
Zimt und Zucker

Nährwerte p. P.

340 kcal
9 g Kohlenhydrate
23 g Fett
15 g Eiweiß

1 Heizen Sie den Backofen auf 180 Grad Ober-/Unterhitze vor.

2 Pressen Sie die Zitrone aus. Schälen und entkernen Sie die Äpfel. Schneiden Sie sie anschließend in feine Würfel.

3 Vermengen Sie Quark, Zucker, Vanillezucker und Zitronensaft miteinander.

4 Rühren Sie Rapsöl und Buttermilch unter, bis der Teig eine cremige Konsistenz annimmt.

5 Vermengen Sie Mehl, Haferkleie, Backpulver und Salz miteinander und heben Sie die Mischung nach und nach unter den Teig.

6 Rühren Sie die Apfelwürfel kurz unter.

7 Formen Sie mit 2 Esslöffeln 10 Ballen und legen Sie sie auf ein mit Backpapier belegtes Backblech. Sie sollten der Form eines Cookies ähneln und etwa 2 bis 3 cm dick sein.

8 Vermengen Sie etwas Zimt und Zucker miteinander und bestreuen Sie die Ballen damit.

9 Backen Sie sie anschließend für 25 bis 30 Minuten im Backofen.

QUARKCREME

2 Port.

5 Min.

Leicht

Zutaten

1 Pfirsich
200 g Magerquark
4 EL Haferdrink
4 EL Haferflocken
4 EL Haferkleie-Fleks
1 TL Zitronensaft
1 TL Honig

Nährwerte p. P.

128 kcal
15 g Kohlenhydrate
2 g Fett
14 g Eiweiß

1 Waschen Sie den Pfirsich und schneiden Sie ihn in kleine Stücke.

2 Vermengen Sie Quark, Haferdrink, Haferflocken und Fleks miteinander.

3 Schmecken Sie die Mischung mit Zitronensaft und Honig ab.

4 Heben Sie anschließend den Pfirsich unter.

Tipp: Diese einfache Quarkcreme kann auch mit anderem Obst zubereitet werden.

COOKIES

20 Port.

2 Std.

Leicht

Zutaten

75 g Cranberrys, getrocknet
45 g Haferkleie
180 g Weizenmehl
½ TL Natron
½ TL Backpulver
150 g Butter, weich
85 g Zucker
25 g Puderzucker
1 Eigelb
½ TL Salz
100 g Mandeln, gehackt

Nährwerte p. P.

165 kcal
18 g Kohlenhydrate
9 g Fett
3 g Eiweiß

1 Vermengen Sie Cranberrys mit 1 EL Haferkleie und zerkleinern Sie die Mischung mit einem Messer.

2 Geben Sie die Cranberry-Mischung mit der übrigen Haferkleie, Weizenmehl, Natron und Backpulver in eine große Schüssel und vermengen Sie alles kurz miteinander.

3 Rühren Sie Butter, Zucker, Puderzucker, Eigelb, Salz und Mandeln unter.

4 Kneten Sie den Teig zu einer Kugel. Wickeln Sie diese in Frischhaltefolie ein und lassen Sie sie für 30 Minuten im Kühlschrank ruhen.

5 Heizen Sie nach dieser Zeit den Backofen auf 180 Grad Ober-/Unterhitze vor.

6 Formen Sie aus dem Teig 20 Kugeln und legen Sie diese mit ausreichend Abstand auf zwei mit Backpapier belegte Backbleche.

7 Backen Sie die Cookies nacheinander für ca. 14 Minuten im vorgeheizten Backofen.

8 Lassen Sie sie auf einem Kuchenrost vollständig auskühlen.

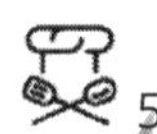

HIMBEERQUARK MIT CRUNCH

2 Port.

15 Min.

Leicht

Zutaten

1 EL Haselnusskerne
1 EL Haferflocken
2 EL Haferkleie
1 EL Zucker
½ EL Kokosöl
20 g Zartbitterschokolade
250 g Magerquark
1 EL Honig
200 g Himbeeren

Nährwerte p. P.

427 kcal
38 g Kohlenhydrate
20 g Fett
22 g Eiweiß

1 Hacken Sie die Haselnusskerne und vermengen Sie sie mit Haferflocken, Haferkleie und Zucker.

2 Erhitzen Sie das Kokosöl in einer Pfanne und rösten Sie die Mischung darin für 2 Minuten an.

3 Nehmen Sie die Mischung aus der Pfanne und lassen Sie sie auf einem Teller abkühlen.

4 Raspeln Sie die Schokolade. Vermengen Sie sie mit Quark und Honig. Waschen Sie die Himbeeren.

5 Verteilen Sie die Quarkmischung auf zwei Schüsseln und garnieren Sie sie mit Himbeeren und dem abgekühlten Crunch.

APFEL-CRUMBLE

6 Port.

45 Min.

Leicht

Zutaten

6 Äpfel
2 EL Zimt
2 EL Zucker
150 g Butter, kalt
120 g Mehl
80 g Haferflocken
40 g Haferkleie
80 g Zucker

Nährwerte p. P.

420 kcal
67 g Kohlenhydrate
16 g Fett
6 g Eiweiß

1 Heizen Sie den Backofen auf 200 Grad Ober-/Unterhitze vor.

2 Schälen Sie die Äpfel und schneiden Sie sie in kleine Stücke. Vermengen Sie sie mit Zimt und Zucker in einer großen Schüssel.

3 Geben Sie die Mischung im Anschluss in eine große Auflaufform.

4 Kneten Sie aus Butter, Mehl, Haferflocken, Haferkleie und Zucker mit den Knethaken oder den Händen grobe Streusel.

5 Verteilen Sie die Streusel über die Äpfel und backen Sie den Auflauf für 20 Minuten im Backofen.

6 Servieren Sie den Crumble lauwarm.

Tipp: Dazu schmeckt Sahne oder ein Vanilleeis.

Shakes und Smoothies

ORANGEN-DETOX-SMOOTHIE

4 Port. 5 Min. Leicht

Zutaten

3 Orangen
½ Zitrone
½ Mango
½ Ananas
½ Papaya
200 ml Möhrensaft
10 g Ingwer
1 TL Kurkuma, gerieben
4 EL Haferkleie
4 TL Mohnöl

Nährwerte p. P.

178 kcal
35 g Kohlenhydrate
1 g Fett
3 g Eiweiß

1 Pressen Sie die Orangen und die Zitrone aus. Geben Sie den Saft in einen Mixer.

2 Schälen und schneiden Sie das übrige Obst hinzu.

3 Geben Sie alle übrigen Zutaten ebenfalls in den Mixer und pürieren Sie alles zu einem sämigen Smoothie.

BEERENDRINK

2 Port.

5 Min.

Leicht

Zutaten

80 g gemischte Beeren
1 Orange
1 Grapefruit
400 ml Sojadrink
2 EL Haferkleie
1 EL Zitronensaft
2 TL Honig
1 TL Leinöl

Nährwerte p. P.

223 kcal
32 g Kohlenhydrate
4 g Fett
9 g Eiweiß

1 Schälen Sie die Orange und die Grapefruit. Entfernen Sie dabei auch die weiße Haut. Waschen Sie die Beeren.

2 Geben Sie Beeren, Orange, Grapefruit und Sojadrink in einen Standmixer und pürieren Sie alles für 2 Minuten.

3 Geben Sie jetzt die übrigen Zutaten hinzu und mixen Sie alles noch einmal kurz durch. Servieren Sie den Smoothie frisch.

SCHNELLER HAFERKLEIE-SAFT

2 Port. 2 Min. Leicht

Zutaten

200 ml Orangensaft
100 ml Apfelsaft
100 ml Johannisbeersaft
2 EL Haferkleie
1 TL Honig

Außerdem:
Beeren zum Garnieren

Nährwerte p. P.

310 kcal
23 g Kohlenhydrate
1 g Fett
2 g Eiweiß

1 Waschen Sie die Beeren.

2 Vermengen Sie alle Zutaten in einem Messbecher.

3 Geben Sie den Saft in zwei große Gläser und garnieren Sie diese mit den Beeren.

Tipp: Der Saft kann nach Belieben mit einem Mixer püriert werden. Die Haferkleie weicht in den Säften jedoch mit der Zeit auf, wodurch das Pürieren nicht zwingend notwendig ist.

HEIDELBEERSMOOTHIE

2 Port.

5 Min.

Leicht

Zutaten

300 g Heidelbeeren
250 ml Haferdrink
1 TL Zitronensaft
6 EL Haferkleie

Nährwerte p. P.

380 kcal
39 g Kohlenhydrate
2 g Fett
8 g Eiweiß

1 Waschen Sie die Heidelbeeren.

2 Geben Sie die Beeren, Haferdrink und Zitronensaft in einen Standmixer und pürieren Sie alles für 2 Minuten.

3 Geben Sie jeweils 3 EL Haferkleie in ein Glas und füllen Sie es mit dem Beerensmoothie auf.

APRIKOSEN-SHAKE MIT MANDARINEN

 2 Port.
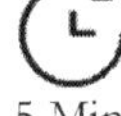 5 Min.
 Leicht

Zutaten

80 g Mandarinen
75 g Aprikosen, getrocknet
200 ml Buttermilch
2 EL Haferkleie
1 TL Honig

Nährwerte p. P.

95 kcal
11 g Kohlenhydrate
1 g Fett
7 g Eiweiß

1 Schälen Sie die Mandarinen. Entfernen Sie dabei auch die dünne weiße Haut. Teilen Sie sie in Stücke und geben Sie sie in einen Standmixer.

2 Geben Sie alle übrigen Zutaten, bis auf die Haferkleie, hinzu und pürieren Sie den Shake für 1 Minute.

3 Rühren Sie die Haferkleie kurz unter und servieren Sie den Shake sofort.

Tipp: Dieser Shake ist besonders ballaststoffreich und reich an Vitaminen. Aus diesem Grund eignet er sich besonders gut als Getränk zum Frühstück.

DATTEL-ORANGEN-SMOOTHIE

2 Port.

5 Min.

Leicht

Zutaten

200 ml Orangensaft
1 Banane
4 Datteln
1 EL Haferkleie

Nährwerte p. P.

159 kcal
23 g Kohlenhydrate
1 g Fett
3 g Eiweiß

1 Schälen Sie die Banane.

2 Geben Sie alle Zutaten in einen Standmixer und pürieren Sie sie für 1 Minute.

3 Verteilen Sie den Smoothie auf zwei große Gläser und servieren Sie ihn sofort.

MANGO-FRÜHSTÜCKS-SHAKE

2 Port. 10 Min. Leicht

Zutaten

40 g Haferflocken
10 g Haferkleie
1 EL Mandelmus
30 ml Ingwer-Shot
250 ml Haferdrink
½ Mango

Nährwerte p. P.

344 kcal
8 g Kohlenhydrate
12 g Fett
8 g Eiweiß

1 Schälen Sie die Mango und schneiden Sie das Fruchtfleisch in grobe Stücke.

2 Geben Sie alle Zutaten in einen Standmixer und pürieren Sie alles zu einem sämigen Smoothie.

3 Füllen Sie das Getränk nach Belieben mit Haferdrink oder Haferflocken auf, um die gewünschte Konsistenz zu erreichen.

Beauty – Haferkleie als Kosmetikprodukt

Im Vorwort haben Sie bereits gelesen, warum Haferkleie so gesund für Ihren Körper sein kann. Doch nicht nur aus dem Inneren heraus können die wertvollen Eigenschaften der Haferkleie Ihrer Gesundheit Gutes tun. Auch für die äußerliche Anwendung ist Haferkleie ein vielseitig einsetzbares Mittel.

Die enthaltenen Polyphenole wirken auf der Haut beispielsweise entzündungshemmend und beruhigend. Das kann bei Akne und chronischen Hautentzündungen wie Neurodermitis helfen.

Der hohe Gehalt von Kohlenhydraten und Proteinen verringert den Wasserverlust der Haut. Das macht die Haferkleie beispielsweise für diejenigen interessant, die immer wieder unter trockener Haut leiden. Der eigene Fettgehalt der Haut kann bei regelmäßiger Anwendung aufrechterhalten werden. Die enthaltenen Proteine führen gleichzeitig zu einer Stabilisierung des pH-Werts.
Auch in der Kosmetik lässt sich die Haferkleie vielseitig anwenden. In Masken, Aufgüssen, Cremes oder Kuren kann sie ihre wohltuenden Eigenschaften auf verschiedene Arten unter Beweis stellen.

GESICHTSMASKE

1 Port.

5 Min.

Leicht

Zutaten

2 EL Haferkleie
1 bis 2 EL Honig
1 bis 2 TL Wasser

1 Vermengen Sie die angegebenen Zutaten miteinander, bis eine beständige Mischung entsteht. Die Maske sollte nicht zu fest, jedoch auch nicht zu flüssig sein, damit sie während der Anwendung nicht verläuft.

2 Waschen Sie Ihr Gesicht und tragen Sie die Maske gleichmäßig auf. Lassen Sie sie 15 bis 20 Minuten einwirken und waschen Sie sie gründlich ab.

Tipp: Die Maske kann nach Bedarf auch mit einem Pürierstab püriert werden. So entsteht eine cremige Konsistenz. Das Wasser kann nach Belieben durch Rosenwasser ersetzt werden.

EIWEIẞMASKE MIT PEELINGEFFEKT

1 Port.

5 Min.

Leicht

Zutaten

3 EL Haferkleie
1 Eiweiß
1 TL Honig

1 Vermengen Sie alle Zutaten miteinander. Falls die Maske zu fest geworden ist, geben 1 TL Wasser hinzu.

2 Reiben Sie die Maske 1 Minute lang auf das gereinigte Gesicht auf.

3 Lassen Sie sie anschließend für 10 Minuten einwirken und waschen Sie sie mit warmem Wasser ab.

Tipp: Der Peelingeffekt macht Ihre Haut besonders weich. Der Honig versorgt sie mit ausreichend Feuchtigkeit.

BANANEN-HAFERKLEIE-MASKE

1 Port. 20 Min. Leicht

Zutaten

1 Banane
3 EL Haferkleie

1 Schälen und zerdrücken Sie die Banane mit einer Gabel. Rühren Sie die Haferkleie unter die Banane.

2 Verteilen Sie die Gesichtsmaske auf Ihrem gereinigten Gesicht.

3 Waschen Sie sie nach 10 bis 20 Minuten ab und pflegen Sie Ihre Haut anschließend mit einer Feuchtigkeitscreme.

Tipp: Die Banane besitzt einen natürlichen Anti-Aging-Effekt. Sie füllt kleine Fältchen auf und wirkt ihnen bei regelmäßiger Anwendung entgegen.

HAFERKLEIE-PEELING

 1 Port.

 5 Min.

  Leicht

Zutaten

1 EL Meeressalz
2 EL Haferkleie
1 TL Olivenöl

1 Vermengen Sie alle Zutaten miteinander.

2 Tragen Sie das Peeling auf das gereinigte Gesicht auf. Machen Sie dabei kräftige, kreisende Bewegungen.

3 Waschen Sie das Peeling gründlich ab und pflegen Sie Ihre Haut anschließend mit einer Feuchtigkeitscreme.

Tipp: Dieses Peeling ist sowohl für trockene, sensible und Mischhaut geeignet. Bei regelmäßiger Anwendung kann die Mischung Unreinheiten entgegenwirken.

HAARKUR

1 Port.

15 Min.

Leicht

Zutaten

4 EL Haferkleie
350 ml Wasser
½ TL Olivenöl

1 Vermengen Sie Wasser und Haferkleie in einem kleinen Topf miteinander und köcheln Sie die Mischung kurz auf.

2 Kochen Sie die Haarkur 5 Minuten lang bei niedriger Stufe.

3 Sobald eine dickflüssige Konsistenz entsteht, rühren Sie das Öl unter. Lassen Sie die Haarkur vollständig abkühlen.

4 Tragen Sie die Kur auf das nasse Haar auf und lassen Sie sie bis zu 40 Minuten einwirken.

5 Waschen Sie Ihre Haare anschließend wie gewohnt.

Tipp: Die Haarkur ist besonders für Personen geeignet, die unter Schuppen und trockener Kopfhaut leiden. Sie kann bis zu zweimal die Woche angewendet werden.

FESTES SHAMPOO MIT HAFERKLEIE

2 Port. 10 Min. Leicht

Zutaten

8 EL Haferkleie
250 ml warmes Wasser
15 g Kernseife

1 Reiben Sie die Kernseife. Geben Sie alle Zutaten in einen kleinen Topf und schmelzen Sie sie zu einer homogenen Masse.

2 Füllen Sie die Mischung in kleine Formen (beispielsweise Eiswürfelformen).

3 Lassen Sie die Shampoostücke vollständig abkühlen und drücken Sie sie aus den Formen.

Tipp: Dieses pflegende Shampoo ist günstig, schnell zubereitet, spart Plastikmüll ein und enthält keine unnötigen Chemikalien. Das Rezept kann nach Belieben variiert werden, beispielsweise kann ein Teil Wasser durch die Zugabe von Kokosöl ersetzt werden.

CONDITIONER FÜR TROCKENES HAAR

80 ml

10 Min.

Leicht

Zutaten

3 EL Kokosöl
2 EL Honig
1 TL Zitronensaft
2 EL Haferkleie

1 Geben Sie alle Zutaten in einen kleinen Topf. Erhitzen Sie die Mischung, bis sich das Kokosöl vollständig aufgelöst hat.

2 Reduzieren Sie die Hitze jetzt auf ein Minimum und lassen Sie die Mischung für 15 Minuten im Topf ziehen.

3 Füllen Sie den fertigen Conditioner in eine Flasche um und lassen Sie ihn vollständig abkühlen.

4 Verwenden Sie dieses Pflegeprodukt nach der Haarwäsche ausschließlich in den Längen. Lassen Sie den Conditioner für etwa 5 Minuten einwirken und spülen Sie ihn im Anschluss gründlich aus.

Gesundheitsrezepte

LOW-CARB-PORRIDGE MIT HAFERKLEIE

4 Port.

25 Min.

Leicht

Zutaten

50 g Haferkleie
3 EL Leinsamen, geschrotet
50 g Mandeln, gehackt
50 g Cashewkerne, gehackt
75 g Kokosraspeln
2 EL Rosinen
750 ml Milch

Nährwerte p. P.

458 kcal
22 g Kohlenhydrate
33 g Fett
14 g Eiweiß

1 Geben Sie alle angegebenen Zutaten in einen kleinen Topf. Bringen Sie die Mischung bei mittlerer Hitze zum Kochen.

2 Köcheln Sie das Porridge für 10 Minuten bei geringer Wärmezufuhr.

3 Füllen Sie es im Anschluss in Schüsseln um und lassen Sie es vor dem Servieren etwas abkühlen.

Tipp: Dieses gesunde Porridge kann nach Belieben mit weiteren Nüssen oder Obst garniert werden.

BANANENJOGHURT MIT HAFERKLEIE

2 Port.

10 Min.

Leicht

Zutaten

25 g Haferkleie
25 g Haferflocken
100 g Joghurt
1 Banane
1 Handvoll Heidelbeeren
1 TL Erdnussbutter

Nährwerte p. P.

440 kcal
64 g Kohlenhydrate
13 g Fett
16 g Eiweiß

1 Vermengen Sie Haferkleie, Haferflocken und Joghurt miteinander.

2 Lassen Sie den Joghurt für mindestens 1 Stunde im Kühlschrank quellen.

3 Schälen und schneiden Sie in der Zwischenzeit die Banane in dünne Scheiben.

4 Rühren Sie die Bananenscheiben unter den Joghurt.

5 Waschen Sie die Heidelbeeren und garnieren Sie den Joghurt mit den Beeren und der Erdnussbutter.

Tipp: Die Heidelbeeren können nach Belieben mit anderen Früchten ersetzt werden.

EINFACHE HAFERBREI-VARIATION

2 Port. 20 Min. Leicht

Zutaten

300 ml Milch
50 g Basismüsli
50 g Haferkleie
3 EL Quinoa
4 EL Apfelmus
3 EL Haferflocken

Optional:
1 Msp. Zimt

Nährwerte p. P.

267 kcal
44 g Kohlenhydrate
6 g Fett
9 g Eiweiß

1 Erwärmen Sie die Milch in einem kleinen Topf. Rühren Sie Müsli, Haferkleie und Quinoa unter.

2 Nehmen Sie die Mischung vom Herd und lassen Sie sie für 15 bis 20 Minuten quellen.

3 Füllen Sie sie im Anschluss in zwei Schüsseln um und garnieren Sie den Haferbrei mit Apfelmus, Haferflocken und Zimt.

Tipp: Bei Milchunverträglichkeit kann der Haferbrei auch mit Milchalternativen oder Wasser zubereitet werden.

GLUTENFREIE SPÄTZLE

2 Port.

10 Min.

Mittel

Zutaten

160 g Haferkleie
1 TL Flohsamenschalen
1 TL Salz
¼ TL Curry
250 g Quark
3 Eier

Nährwerte p. P.

355 kcal
34 g Kohlenhydrate
14 g Fett
21 g Eiweiß

1 Mahlen Sie die Haferkleie in einem Standmixer für mindestens 10 Sekunden zu Mehl.

2 Geben Sie die restlichen Zutaten hinzu und kneten Sie alles mit den Händen zu einem glatten Teig.

3 Lassen Sie den Teig für 20 Minuten quellen.

4 Pressen Sie ihn im Anschluss durch eine Spätzlepresse und kochen Sie sie für 10 Minuten in sprudelnd kochendem Salzwasser.

Tipp: Die Spätzle können nach Belieben mit Käse, Zwiebeln oder Speck angerichtet werden.

LOW-CARB-PFANNKUCHEN

4 Port. 15 Min. Mittel

Zutaten

4 EL Haferkleie
2 EL Leinsamen, gemahlen
1 Prise Salz
1 EL Xylit
2 Eier
250 ml Mandelmilch
4 TL Butter

Nährwerte p. P.

132 kcal
6 g Kohlenhydrate
11 g Fett
3 g Eiweiß

1 Vermengen Sie Haferkleie, Leinsamen, Salz und Xylit in einer großen Schüssel.

2 Rühren Sie die Eier und die Mandelmilch unter. Lassen Sie den Teig kurz quellen.

3 Erhitzen Sie 1 TL Butter in einer mittelgroßen Pfanne.

4 Backen Sie aus dem Teig jeweils 4 Pfannkuchen. Trocknen Sie die Pfanne nach jedem Pfannkuchen mit etwas Küchenpapier ab und erhitzen Sie einen weiteren Teelöffel Butter darin.

Tipp: Dieses Basis-Rezept kann sowohl mit süßen als auch mit herzhaften Aufstrichen oder Toppings kombiniert werden.

HERZHAFTE PANCAKES

2 Port.

20 Min.

Leicht

Zutaten

Für die Schinken-creme:
50 g Schinken, gekocht oder roh
100 g Frischkäse
1 EL Schnittlauchröllchen

Nach Belieben:
Salz, Pfeffer

Für die Pancakes:
2 Eier
60 g Haferkleie
50 ml Milch
½ TL Salz
½ TL Backpulver
4 EL Rapsöl

Nährwerte p. P.

580 kcal
29 g Kohlenhydrate
20 g Fett
12 g Eiweiß

1 Schneiden Sie den Schinken in kleine Würfel. Vermengen Sie Schinkenwürfel, Frischkäse, Schnittlauch, Salz und Pfeffer miteinander und stellen Sie die Mischung kalt.

2 Stellen Sie jetzt den Teig für die Pancakes her. Trennen Sie die Eier und schlagen Sie das Eiweiß steif.

3 Rühren Sie Eigelb und die übrigen Zutaten kurz unter das Eiweiß.

4 Erhitzen Sie das Öl in einer großen Pfanne.

5 Backen Sie darin aus jeweils 2 EL Teig einen Pancake.

6 Bestreichen Sie die Pancakes mit der Creme oder reichen Sie sie als Dip dazu.

LOW-CARB-RÖSTI

12 Port. 35 Min. Leicht

Zutaten

Für die Rösti:
100 g Haferkleie
150 ml Wasser, heiß
1 Möhre
1 Zwiebel
2 EL gemischte Kräuter, tiefgekühlt
1 Ei
Öl zum Braten

Für den Quark:
100 g Quark
2 EL Schmand
3 EL gemischte Kräuter, tiefgekühlt
1 Zehe Knoblauch
2 EL Olivenöl
2 Spritzer Zitronensaft

Nach Belieben:
Salz, Pfeffer

Nährwerte p. P.

240 kcal
29 g Kohlenhydrate
19 g Fett
18 g Eiweiß

1 Vermengen Sie Haferkleie und Wasser miteinander und lassen Sie die Mischung 15 Minuten lang quellen.

2 Schälen Sie in der Zwischenzeit die Möhre und raspeln Sie sie fein. Schälen und würfeln Sie die Zwiebel.

3 Rühren Sie das Gemüse unter die Haferkleie-Mischung.

4 Geben Sie jetzt das Ei und die Kräuter hinzu und rühren Sie einen Teig an. Formen Sie daraus 12 Rösti.

5 Erhitzen Sie das Öl in einer Pfanne. Braten Sie die Rösti darin für 5 Minuten von jeder Seite an.

6 Pressen Sie die Knoblauchzehe.

7 Vermengen Sie alle Zutaten für den Quark miteinander und servieren Sie den Quark zu den heißen Rösti.

ENERGIEBÄLLCHEN

5 Port.

5 Min.

Leicht

Zutaten

1 Banane
100 g Haferflocken
100 g Haferkleie
3 EL Rosinen
100 g Haselnüsse, gemahlen
100 g Mandeln, gemahlen
2 EL Ahornsirup
1 EL Mandelmilch

Nährwerte p. P.

448 kcal
48 g Kohlenhydrate
23 g Fett
15 g Eiweiß

1 Schälen Sie die Banane und zerdrücken Sie sie zu Mus. Arbeiten Sie im Anschluss alle übrigen Zutaten unter. Heben Sie dabei jeweils 1 EL Haselnüsse und Mandeln auf.

2 Formen Sie aus dem Teig 5 Kugeln und wenden Sie diese in den übrigen Haselnüssen und Mandeln.

Tipp: Die Menge der Mandelmilch kann angepasst werden, falls die Mischung zu fest wird.